Fragen, die verbinden –
260 interaktive Fragen für Eltern und Kinder.
Ein Fragespiel für 52 Wochen im Jahr, mehr gemeinsame Zeit und eine stärkere Eltern-Kind-Bindung.

Katharina Fink

Katharina Fink

FRAGEN, die verbinden

260 interaktive Fragen für Eltern und Kinder

Ein Fragespiel für 52 Wochen im Jahr, mehr gemeinsame Zeit und eine stärkere Eltern-Kind-Bindung.

Danksagung

Wir möchten Euch von Herzen für Euer Vertrauen in uns und unser Buch danken. Im hektischen Alltag vergessen wir nur allzu oft, wie flüchtig und kostbar die Zeit mit unseren Kindern ist. Dieses Buch soll Euch daran erinnern, jeden Moment zu genießen und unvergessliche Erinnerungen zu schaffen. Lasst Euch auf die spannende Reise von Fragen und Antworten ein und erlebt die Freude, die dabei entsteht. Wir wünschen Euch unendlich viel Spaß und tiefgründige Momente voller Lachen und Liebe.

Inhalt

52 Fragen zum Themenbereich: Alltag und Familie

52 Fragen zum Themenbereich: Die Welt um uns herum

52 Fragen zum Themenbereich: Kulinarische Abenteuer

52 Fragen zum Themenbereich: Fragen, Lachen, Lernen -
Entdecke die Welt durch unser lustiges Quiz
(inkl. lustiger und interessanter Fakten zu den Antworten)

52 Fragen zum Themenbereich: Ich drehe den Spieß um -
Meine Frage an Euch Eltern

Und so geht es:

Dieses Buch enthält 260 sorgfältig ausgewählte Fragen, aufgeteilt in fünf spannende Themengebiete, die darauf warten, von Euch entdeckt zu werden. Die Fragen sollen die Fantasie und Kreativität anregen, sich mit Träumen und Hoffnungen beschäftigen und manchmal warten sie einfach nur auf eine lustige Antwort. Ob als tägliches Abendritual oder als wöchentlicher Familienspaß. Dieses Spiel ist darauf ausgelegt, spielerisches Lernen zu fördern und die Neugier sowie den Wissensdurst Eurer Kinder zu stillen.

Entscheidet als Familie, wann ihr spielen möchtet – wählt entweder einen festen Tag in der Woche für die „große Fragerunde" oder stellt an jedem Werktag am Abend eine Frage, um täglich zusammenzukommen und zu lachen und zu lernen.

Die Themengebiete können manchmal ineinander übergehen und mache Fragen lassen sich in mehrere Bereiche einordnen – lasst Euch davon nicht verunsichern. Formuliert Fragen um, die Euch nicht gefallen oder kreiert ganz eigene Fragen. Eurer Kreativität sind keine Grenzen gesetzt. Das Wichtigste ist, dass ihr mit Euren Kindern Spaß habt und gemeinsam wertvolle Momente erlebt.

Nutzt die Gelegenheit, um über die Antworten zu sprechen und sie zu erweitern – vielleicht durch das Erzählen von Geschichten, das Zeigen von Bildern oder das gemeinsame Nachschlagen von Informationen. Manchmal ist es besonders aufschlussreich, die Kinder nach den Hintergründen Ihrer Antworten zu fragen. Das ermöglicht Euch, mehr über ihre Persönlichkeit, ihre Sichtweisen und ihre einzigartigen Ideen zu erfahren.

Zusätzliche Spielideen:
- Verwandelt die Fragezeit in eine kleine Show, in der einer von Euch der „Quizmaster" ist.
- Zeichnet Eure Antworten auf und erstellt ein Familienquizbuch als Erinnerung.
- Sucht zusätzliche Informationen zu den Antworten, um Euer Wissen zu vertiefen.

Spielende:
Das Spiel endet nach einem Jahr, aber die entdeckten Wissensschätze und die gestärkte Familienbindung werden noch lange nachwirken. Macht es zu einer jährlichen Tradition und beobachtet, wie sich die Antworten und Interessen im Laufe der Zeit entwickeln und verändern!

Dieses Buch ist eine Reise durch die Neugier Eurer Familie, die das Band zwischen Euch allen stärkt. Genießt jede Frage, jede Antwort und jeden Moment des Beisammenseins!

Unsere Themenbereiche:

Themenbereich 1: Alltag und Familie
In diesem Bereich geht es um das Herz des Zuhauses – die Familie. Kinder können Fragen zu täglichen Routinen, familiären Traditionen und lustigen Anekdoten aus dem Familienleben beantworten. Entdeckt gemeinsam, was jeden in der Familie zum Lachen bringt und teilt Geschichten, die Euch noch näher zusammenbringen.

Themenbereich 2: Die Welt um uns herum
Dieser Abschnitt behandelt die Welt um uns herum. Hier geht es um lustige und anregende Fragen zu Themen wie Natur, Tiere, Wissenschaft und Weltraum.

Themenbereich 3: Kulinarische Abenteuer
Hier geht es um Fragen rund um das Thema Essen und Kochen. Es können Fragen zu den Lieblingsgerichten, den skurrilsten Geschmackskombinationen oder den besten kulinarischen Erlebnissen sein. Dies fördert die kulinarische Kreativität und gemeinsame Kochaktivitäten.

Themenbereich 4: Fragen, Lachen, Lernen - Entdecke die Welt durch unser lustiges Quiz (inkl. lustiger und interessanter Fakten zu den Antworten)
In diesem quirligen Quizbereich werden Neugier und Humor gemischt, um Lernen zu einem lustigen Erlebnis zu machen. Jede Frage ist eine Gelegenheit zu lachen und gleichzeitig spannende Fakten über die Welt zu entdecken. Von seltsamen Tiergewohnheiten bis hin zu wunderlichen Wissenschaftsfakten – hier ist für jedes Kind etwas dabei. Wie in einem richtigen Quiz geben wir Euch vier Antwortmöglichkeiten vor. Die richtige Antwort und den Fakt zur Frage findet Ihr jeweils eine Woche später. So könnt Ihr mit Euren Kindern zusammen ins Buch schauen, ohne die Antwort vorher zu verraten.

Themenbereich 5: Ich drehe den Spieß um - Meine Frage an euch Eltern
Jetzt sind die Kinder dran! In diesem einzigartigen Bereich stellen die Kinder die Fragen und die Eltern dürfen antworten. Diese umgekehrte Rolle bietet eine wundervolle Chance, als Familie zu wachsen. Kinder können auf kreative Weise mehr über die Vergangenheit, die Träume und die lustigen Geschichten ihrer Eltern erfahren. Die Fragen in diesem Themenbereich dienen nur zur Inspiration. Gerne können die Kinder auch selbst ausgedachte Fragen stellen. Die Kinder können ihrer Neugier freien Lauf lassen und die Eltern werden angeregt, die Welt aus der Perspektive ihrer Kinder zu sehen. Dies fördert das Verständnis und die Interaktion zwischen Eltern und Kindern und stärkt die Eltern-Kind-Bindung.

Woche 1

Alltag und Familie
Die Welt um uns herum – Kulinarische Abenteuer

1. Welches Monster unter dem Bett macht den meisten Dreck und wie überzeugen wir es, dass Aufräumen Spaß macht?

Antwort: _____

2. Wohin würdest du mit der ganzen Familie reisen, wenn du eine Zeitmaschine hättest und warum?

Antwort: _____

3. Wie würdest du eine Pizza belegen, aber nur Sachen verwenden könntest, die nicht essbar sind?

Antwort: _____

Fragen, Lachen, Lernen:

A: Eins

B: Zwei

4. Wie viele Herzen hat ein Oktopus?

C: Drei

D: Vier

Meine Frage an euch Eltern:

5. Was ist das Mutigste, das ihr je als Kind gemacht habt?

Antwort: _____

Woche 2

Alltag und Familie
Die Welt um uns herum – Kulinarische Abenteuer

6. Angenommen, unsere Familie wäre ein Zirkus, wer würde welche Nummer vorführen?

Antwort: _____

7. Welchen Zungenbrecher würdest du an einen Drachen verfüttern, der nur von Zungenbrechern lebt?

Antwort: _____

8. Was würdest du in deinem Lunchpaket finden wollen, wenn deine Snacks morgens selbst entscheiden könnten, was sie sein möchten?

Antwort: _____

Fragen, Lachen, Lernen:

9. Was ist ein Känguru-Wort?

A: Ein sehr langes Wort
B: Ein Wort, das in ein anderes Wort hüpft
C: Ein Wort aus Australien
D: Ein Wort, das wie „Känguru" klingt

Meine Frage an euch Eltern:

10. Gab es eine lustige oder unerwartete Sache, die ich als Baby oft getan habe?

Antwort: _____

 Interessanter Fakt: Oktopusse haben nicht nur drei Herzen, sondern auch blau-grünes Blut und neun Gehirne! Zwei pumpen Blut zu den Kiemen, während das dritte es im Körper verteilt.

Antwort Woche 1: C: Drei

Woche 3

Alltag und Familie
Die Welt um uns herum – Kulinarische Abenteuer

11. Wenn dein Kinderzimmer ein Dschungel wäre, was wäre deine Strategie, um es heil zu durchqueren?

Antwort: _____

12. Stell dir vor, du gründest eine Fußballmannschaft mit Tieren. Wer spielt welche Position und warum?

Antwort: _____

13. Aus welchen Hauptzutaten würde dein magisches Mittagessen bestehen, das dir hilft superschnell zu lernen?

Antwort: _____

Fragen, Lachen, Lernen:

14. In welchem Land werden die meisten Filme produziert?

A: USA.
B: Nigeria
C: Frankreich
D: Indien

Meine Frage an euch Eltern:

15. Welches Jahr würdet Ihr gerne besuchen, wenn ihr in der Zeit zurückreisen könntet? Was würdet ihr dort machen?

Antwort: _____

Interessanter Fakt: Ein Känguru-Wort enthält Buchstaben in derselben Reihenfolge wie ein anderes Wort – zum Beispiel „beobachten" (beachten).

Antwort Woche 2: B: Ein Wort, das in ein anderes Wort hüpft

Woche 4

Alltag und Familie

Die Welt um uns herum – Kulinarische Abenteuer

16. Kannst du dir eine lustige Strafe für den Socken Wichtel ausdenken, der immer eine deiner Socken verschwinden lässt?

Antwort: _____

17. Was würdest du tun, wenn du Supermagnete an deinen Schuhen hättest?

Antwort: _____

18. Von welchem Gemüse würdest du dir wünschen, dass es nach einem Schokoriegel schmeckt?

Antwort: _____

Fragen, Lachen, Lernen:

19. Wie heißt der größte Ozean der Welt?

   A: Indischer Ozean
   B: Atlantischer Ozean
   C: Pazifischer Ozean
   D: Arktischer Ozean

Meine Frage an euch Eltern:

20. Welche Musik habt ihr als Teenager am liebsten gehört?

Antwort: _____

Interessanter Fakt: Indiens Filmindustrie wird oft „Bollywood" genannt und produziert mehr als 1.500 Filme pro Jahr – das sind eine Menge Popcorn-Pausen!

Antwort Woche 3: D: Indien

Woche 5

Alltag und Familie

Die Welt um uns herum – Kulinarische Abenteuer

21. Welches Kommandowort würdest du wählen, um unser Haus in ein Schloss oder eine Rakete zu verwandeln?

Antwort: _____

22. Welches berühmte Gebäude würdest du beim nächsten Strandurlaub gerne nachbauen wollen? Den Eiffelturm, das Brandenburger Tor oder vielleicht die Pyramiden?

Antwort: _____

23. Wie würde das perfekte Menü aussehen, wenn du ein Pirat wärst, der über die sieben Meere segelt?

Antwort: _____

Fragen, Lachen, Lernen:

24. Welches Tier ist für sein schwarzes Fell um die Augen bekannt, welches wie eine Maske aussieht?

A: Ein Löwe
B: Ein Waschbär
C: Ein Tiger
D: Ein Zebra

Meine Frage an euch Eltern:

25. Gibt es eine wichtige Lektion, die ihr von euren Eltern gelernt habt und an mich weitergeben möchtet?

Antwort: _____

Interessanter Fakt: Der Pazifische Ozean ist so groß, dass er mehr Fläche einnimmt als alle Landmassen der Erde zusammen.

Antwort Woche 4: C: Pazifischer Ozean

Woche 6

Alltag und Familie
Die Welt um uns herum – Kulinarische Abenteuer

26. Wenn unser Waschbecken ein Portal zu einer anderen Welt wäre, wohin würde es führen und was würden wir dort beim Händewaschen entdecken?

Antwort: _____

27. Was würdest du Aliens beibringen, die plötzlich eure Schulklasse besuchen würden?

Antwort: _____

28. Wer kocht zu Hause am besten?

Antwort: _____

Fragen, Lachen, Lernen:

29. Wer entdeckte, dass die Erde eine Kugel ist?

A: Pythagoras
B: Christoph Kolumbus
C: Galileo Galilei
D: Der Weihnachtsmann

Meine Frage an euch Eltern:

30. Was ist das Ungewöhnlichste, das ihr je gegessen habt? Würdet ihr es mir zum Probieren geben?

Antwort: _____

Interessanter Fakt: Waschbären sind sehr geschickte Diebe und können sogar Schlösser öffnen, um an Futter zu kommen. Das schwarze Fell um die Augen verhindert übrigens, von der Sonne geblendet zu werden.

Antwort Woche 5: B: Ein Waschbär

Woche 7

Alltag und Familie
Die Welt um uns herum – Kulinarische Abenteuer

31. Würdest du eine neue Tradition mit Oma und Opa erfinden? Welche lustige oder verrückte Aktivität würdest du vorschlagen?

Antwort: _____

32. Wie würdest du einen Freund wieder zum Lachen bringen, der sich traurig fühlt?

Antwort: _____

33. Stell dir vor, du machst einen riesigen Pfannkuchen, der mit dir reden kann. Was würde er sagen, wenn du ihn umdrehst?

Antwort: _____

Fragen, Lachen, Lernen:

A: Brasilien
B: Indien
C: Neuseeland
D: Italien

34. Welches Land hat die Form eines Stiefels?

Meine Frage an euch Eltern:

35. Was wäre die eine Sache, die ihr gerne aus eurer Kindheit zurückbringen könntet?

Antwort: _____

> **Interessanter Fakt:** Wir glauben zwar, dass der Weihnachtsmann, bei seinem allerersten Ausritt auf seinen Rentieren, bemerkt haben muss das die Erde keine Scheibe ist. Tatsächlich fand aber Pythagoras heraus, dass die Erde rund ist. – eine echte Überraschung für alle damals! Vielleicht wollte der Weihnachtsmann aber auch nur nicht „die Lorbeeren ernten" und hat es Pythagoras erzählt.

Antwort Woche 6: A: Pythagoras

Woche 8

Alltag und Familie
Die Welt um uns herum – Kulinarische Abenteuer

36. Welches Märchen würdest du gerne mit Oma und Opa zusammen erleben und warum?

Antwort: _____

37. Was würde passieren, wenn du auf dem Mond deinen Namen rufen würdest – kommt ein Echo zurück?

Antwort: _____

38. Kannst du dir einen verrückten Namen für eine Maschine ausdenken, die Snacks herstellt? Welche Snacks würde sie herstellen?

Antwort: _____

Fragen, Lachen, Lernen:

39. Welches Tier ist als das schnellste Landtier bekannt?

A: Ein Leopard **C:** Ein Kaninchen
B: Ein Elefant **D:** Ein Gepard

Meine Frage an euch Eltern:

40. Habt ihr euer Lieblingsspielzeug von früher heute noch irgendwo? Was war es?

Antwort: _____

 Interessanter Fakt: Italien ist das Land mit der höchsten Anzahl an Brunnen. Der Trevi-Brunnen in Rom wird jeden Tag mit etwa 3.000 Euro in Münzen gefüllt!

Antwort Woche 7: D: Italien

Woche 9

Alltag und Familie
Die Welt um uns herum – Kulinarische Abenteuer

41. Worüber reden die Zahnpasta und die Zahnbürste miteinander, wenn wir nicht hinschauen? Und worüber streiten sie sich am meisten?

Antwort: _____

42. Wenn du einen neuen Planeten entdecken würdest, wie würde er aussehen und welche verrückte Farbe hätte er?

Antwort: _____

43. Was würdest du in einer Kochshow kochen, um den Preis für das kreativste Kindergericht zu gewinnen?

Antwort: _____

Fragen, Lachen, Lernen:

44. Was ist der Hauptbestandteil eines Diamanten?

A: Gold   **C:** Kohlenstoff
B: Silber   **D:** Sauerstoff

Meine Frage an euch Eltern:

45. Wenn ihr euch ein magisches Haustier aussuchen könntet, welches wäre das und warum?

Antwort: _____

Interessanter Fakt: Geparde können beim Rennen eine Geschwindigkeit von ca. 85–120 km/h erreichen. Nach etwa 30 Sekunden müssen sie aber eine Pause einlegen, um nicht zu überhitzen – sie sind Sprinter, keine Marathonläufer!

Antwort Woche 8: D: Ein Gepard

Woche 10

Alltag und Familie
Die Welt um uns herum – Kulinarische Abenteuer

46. Was glaubst du, was passieren würde, wenn dein Kuscheltier für einen Tag der Chef im Haus wäre?

Antwort: _____

47. Wenn Berge so weich wie Kissen wären, wie würdest du darauf klettern, ohne vorher einzuschlafen?

Antwort: _____

48. Wenn Papa dein Mittagessen in der Schule aussuchen dürfte, was gäbe es zu essen?

Antwort: _____

Fragen, Lachen, Lernen:

49. Wer war der erste Mensch im Weltraum?

A: Buzz Aldrin
B: Yuri Gagarin
C: John Glenn
D: Neil Armstrong

Meine Frage an euch Eltern:

50. Was war das schönste Kompliment, das ihr von Oma oder Opa bekommen habt?

Antwort: _____

 Interessanter Fakt: Diamanten sind das härteste natürliche Material auf der Erde und können nur mit einem anderen Diamanten gekratzt oder geschnitten werden.

Antwort Woche 9: C: Kohlenstoff

Woche 11

Alltag und Familie
Die Welt um uns herum – Kulinarische Abenteuer

51. Wenn du jeden Tag mit einer anderen Haarfarbe aufwachen könntest, welche Farbe hättest du gerne morgen?

Antwort: _____

52. Welches verrückte Wetter würdest du erfinden, wenn du einen Tag lang die Kontrolle über das Wetter hättest? Würde es Donuts regnen?

Antwort: _____

53. Wenn du einen Burger so groß wie ein Haus machen könntest, wie würdest du auf die oberste Scheibe Brot steigen?

Antwort: _____

Fragen, Lachen, Lernen:

54. Welcher Fluss ist der längste auf der Erde?

A: Amazonas
B: Donau
C: Rhein
D: Nil

Meine Frage an euch Eltern:

55. Welche Streiche habt ihr als Kinder gespielt?

Antwort: _____

 Interessanter Fakt: Yuri Gagarin war der erste Mensch im Weltraum, als er am 12. April 1961 an Bord des Raumschiffs Wostok 1 die Erde umrundete.

Antwort Woche 10: B: Yuri Gagarin

Woche 12

Alltag und Familie
Die Welt um uns herum – Kulinarische Abenteuer

56. Welchen Zauberspruch würdest du gerne erfinden, um dein Zimmer aufzuräumen – und wie würde der Zauberspruch heißen?

Antwort: _____

57. Wenn du zusammen mit Freunden ein Baumhaus bauen könntet, wie würde es aussehen und was darf auf keinen Fall fehlen?

Antwort: _____

58. Wie würdest du deine perfekte Snack-Platte gestalten, wenn du nur gesunde Snacks verwenden dürftest?

Antwort: _____

Fragen, Lachen, Lernen:

59. Was ist das Hauptnahrungsmittel eines Pandas?

A: Fleisch
B: Bambus
C: Fisch
D: Käse

Meine Frage an euch Eltern:

60. Könnt ihr euch an eine Geschichte von Oma und Opa erinnern, die euch immer noch zum Lachen bringt?

Antwort: _____

Interessanter Fakt: Der Nil ist mit ca. 6670 km der längste Fluss der Welt. Er war so wichtig für die alten Ägypter, dass sie ihn als einen Gott verehrten – den Gott Hapi.

Antwort Woche 11: D: Nil

Woche 13

Alltag und Familie

Die Welt um uns herum – Kulinarische Abenteuer

61. Glaubst du deine Puppen, Kuscheltiere und Actionfiguren tauschen nachts ihre Kostüme? Welche lustige Kombination könntest du dir vorstellen?

Antwort: _____

62. Glaubst du, das Wasser spritzt bis zum Mond, wenn ein Dinosaurier ins Schwimmbad springt?

Antwort: _____

63. Was glaubst du, welches Gemüse das Gesündeste ist? Würdest du es dann häufiger essen?

Antwort: _____

Fragen, Lachen, Lernen:

64. Wie viele Knochen hat ein menschlicher Körper?

A: ca. 106
B: ca. 156
C: ca. 206
D: ca. 256

Meine Frage an euch Eltern:

65. Was war euer Lieblingsessen als Kind? Hat sich das bis heute geändert?

Antwort: _____

Interessanter Fakt: Obwohl Pandas zu den Fleischfressern (Carnivora) zählen, besteht ihre Nahrung fast ausschließlich aus Bambus. Sie können bis zu 14 Stunden am Tag damit verbringen, Bambus zu essen und müssen täglich bis zu 12 Kilogramm davon konsumieren, um ihren Nährstoffbedarf zu decken.

Antwort Woche 12: B: Bambus

Woche 14

Alltag und Familie

Die Welt um uns herum – Kulinarische Abenteuer

66. Wenn du drei Wünsche frei hättest, aber sie nur für super alberne Dinge verwenden dürftest, was würdest du dir wünschen?

Antwort: _____

67. Wenn du einen Tag lang Bürgermeister unseres Ortes wärst, welche lustige Regel würdest du einführen?

Antwort: _____

68. Kannst du dir vorstellen, wie es wäre, wenn Nudeln im Topf schwimmen lernen? Wie sehen ihre Schwimmbewegungen aus?

Antwort: _____

Fragen, Lachen, Lernen:

69. Welche Bedeutung hat der Name des Dinosauriers „Tyrannosaurus Rex"?

A: König der Landsaurier
B: König der Tyrannenechsen
C: Gefräßige Echse
D: Echse mit großen Füßen

Meine Frage an euch Eltern:

70. Gibt es ein Spiel, das ihr als Kind geliebt habt, dass es heute vielleicht nicht mehr gibt oder nicht mehr so populär ist? Würdet ihr es mit mir spielen?

Antwort: _____

 Interessanter Fakt: Wenn du alle Knochen eines Menschen aneinanderlegst, wären sie fast so lang wie ein Tennisplatz!

Antwort Woche 13: C: ca. 206

Woche 15

Alltag und Familie

Die Welt um uns herum – Kulinarische Abenteuer

71. Wenn du ein Superheld wärst, welche Superkräfte hättest du und welche alltägliche Aufgabe würdest du mit deinen Superkräften viel lieber machen?

Antwort: _____

72. Mit welchem Tier würdest du Mama am ehesten vergleichen?

Antwort: _____

73. Würdest du ein Gemüse Wettessen gegen Mama gewinnen?

Antwort: _____

Fragen, Lachen, Lernen:

74. Mit welchem Gemüse ist die Aubergine verwandt?

A: Kartoffel
B: Zucchini
C: Karotte
D: Gurke

Meine Frage an euch Eltern:

75. Was ist das Lustigste, das ihr je gemacht habt, aber niemandem erzählt habt?

Antwort: _____

Interessanter Fakt: Der Tyrannosaurus Rex hatte einen der stärksten Bisse unter den bekannten Dinosauriern. Seine Kieferkraft wird auf beeindruckende 6.000 bis 8.000 Pfund (3,63 t) pro Quadratzoll geschätzt.

Antwort Woche 14: B: König der Tyrannenechsen

Woche 16

Alltag und Familie
Die Welt um uns herum – Kulinarische Abenteuer

76. Würdest du einen Raum in unserem Haus in etwas Anderes verwandeln wollen, was würdest du wählen und wie würde es aussehen?

Antwort: _____

77. Welche Eigenschaften einer bestimmten Person, oder eines Tieres hättest du gerne?

Antwort: _____

78. Welches Gericht verbindest du am meisten mit Ostern?

Antwort: _____

Fragen, Lachen, Lernen:

79. Wie nennt man ein Baby-Känguru?

- **A:** Kängurulein
- **B:** Joey
- **C:** Kängurukind
- **D:** Hüpfer

Meine Frage an euch Eltern:

80. Was habt ihr gedacht, als ihr mich zum ersten Mal gesehen habt?

Antwort: _____

Interessanter Fakt: Die Aubergine gehört zur Familie der Nachtschattengewächse. Zu den bekanntesten zählen, neben der Aubergine, die Kartoffel, die Tomate und die Paprika. Diese Pflanzenfamilie ist bekannt für ihre vielfältigen essbaren und medizinischen Pflanzen, aber auch für einige giftige Arten, wie z.B. die Tollkirsche.

Antwort Woche 15: A: Kartoffel

Woche 17

Alltag und Familie

Die Welt um uns herum – Kulinarische Abenteuer

81. Gibt es etwas, dass du gerne versuchen möchtest, obwohl du Angst davor hast?

Antwort: _____

82. Glaubst du, Roboter auf einer Raumstation zählen elektrische Schafe, um einzuschlafen?

Antwort: _____

83. Welche Zutat sollten wir beim nächsten Mal ins Abendessen mischen, die so verrückt ist, dass sie eigentlich niemand ausprobieren würde?

Antwort: _____

Fragen, Lachen, Lernen:

84. Welches Land ist am nördlichsten?

A: Kanada **C:** Finnland
B: Russland **D:** Island

Meine Frage an euch Eltern:

85. Welches Fach in der Schule habt ihr besonders gemocht und welches überhaupt nicht?

Antwort: _____

Interessanter Fakt: Joey ist nicht nur der Name für ein Baby-Känguru, sondern auch für junge Tiere vieler anderer Beuteltierarten.

Antwort Woche 16: B: Joey

Woche 18

Alltag und Familie
Die Welt um uns herum – Kulinarische Abenteuer

86. Mit welcher Strategie, würdest du Papa davon überzeugen, zusammen mit dir zu spielen?

Antwort: _____

87. Was würdest du zeichnen, wenn du einen magischen Stift hättest, der alles real werden lässt?

Antwort: _____

88. Angenommen, du könntest Limonade in magische Tränke verwandeln, was würden die Tränke bewirken?

Antwort: _____

Fragen, Lachen, Lernen:

89. Was ist das größte Tier im Ozean?

A: Ein Weißer Hai
B: Ein Tintenfisch
C: Ein Blauwal
D: Ein Buckelwal

Meine Frage an euch Eltern:

90. Gab es eine Sache, die ihr als Kind immer essen oder trinken wolltet, aber nie durftet?

Antwort: _____

Interessanter Fakt: In Russland ist es im Winter manchmal so kalt, dass man am Metall kleben bleibt, wenn man es berührt – also besser Handschuhe anziehen!

Antwort Woche 17: B: Russland

Woche 19

Alltag und Familie
Die Welt um uns herum – Kulinarische Abenteuer

91. Welche Abenteuer würde Papa erleben, wenn er einen Tag als dein Lieblingsspielzeug verbringen müsste?

Antwort: _____

92. Was denkst du, passiert im Wald, wenn alle Menschen schlafen gehen – vielleicht eine geheime Pflanzendisco?

Antwort: _____

93. Welche Art von Sport würden die Vitamine in deinem Essen spielen, um dich fit zu halten?

Antwort: _____

Fragen, Lachen, Lernen:

94. Was essen Bienen, um Honig zu machen?

A: Blätter
B: Blütennektar
C: Gras
D: Holz

Meine Frage an euch Eltern:

95. Welches war das spannendste Märchen, das ihr als Kind gelesen habt?

Antwort: _____

 Interessanter Fakt: Der Blauwal mit ca. 30 m Länge ist so riesig, dass sein Herz so groß wie ein Auto ist – stell dir vor, du könntest darin sitzen!

Antwort Woche 18: C: Ein Blauwal

Woche 20

Alltag und Familie
Die Welt um uns herum – Kulinarische Abenteuer

96. Was ist das Wichtigste, das du von uns gelernt hast?

Antwort: _____

97. Mit welchem Tier würdest du Papa am ehesten vergleichen?

Antwort: _____

98. Welches Tier soll dir beim Kochen helfen und was würdet ihr zusammen zaubern?

Antwort: _____

Fragen, Lachen, Lernen:

99. Woraus wird Papier hauptsächlich hergestellt?

A: Stein
B: Plastik
C: Metall
D: Holz

Meine Frage an euch Eltern:

100. Wie habt Ihr euch kennengelernt?

Antwort: _____

 Interessanter Fakt: Bienen kommunizieren miteinander durch einen „Schwänzeltanz", der anderen Bienen im Stock genau zeigt, in welcher Richtung und wie weit entfernt eine Nahrungsquelle liegt.

Antwort Woche 19: B: Blütennektar

Woche 21

Alltag und Familie
Die Welt um uns herum – Kulinarische Abenteuer

101. Wenn du einen Tag lang die Rolle mit Mama tauschen könntest, was würdest du als Erstes tun?

Antwort: _____

102. Was hoffst du, dass die Leute eines Tages über dich sagen werden?

Antwort: _____

103. Wenn du mit einem Bären picknicken würdest, was würdest du in den Picknickkorb packen?

Antwort: _____

Fragen, Lachen, Lernen:

104. Warum ist der Himmel tagsüber blau?

A: Wegen der Reflexion unserer Meere
B: Wegen der Lichtstreuung in unserer Atmosphäre
C: Wegen der Fähigkeit der Bäume CO_2 zu speichern
D: Wegen magischer Feen die den Himmel jeden Morgen blau anstreichen

Meine Frage an euch Eltern:

105. Was würdet ihr als Erstes tun, wenn ihr für einen Tag wieder ein Kind wärt?

Antwort: _____

Interessanter Fakt: Wusstest du, dass man ein normales Blatt Papier theoretisch nicht mehr als 7 Mal in der Mitte falten kann, egal wie groß oder stark du bist? Papier wurde etwa im Jahr 100 n. Chr. in China erfunden, aber wusstest du, dass das erste Toilettenpapier speziell für den Kaiser der Ming-Dynastie im 14. Jahrhundert hergestellt wurde?

Antwort Woche 20: D: Holz

Woche 22

Alltag und Familie

Die Welt um uns herum – Kulinarische Abenteuer

106. Was kannst du besser als Papa?

Antwort: _____

107. Welches Tier beschreibt am besten die Persönlichkeit deines besten Freundes oder besten Freundin in der Schule?

Antwort: _____

108. Wie würdest du einen Gemüsegarten auf dem Mond anlegen und welche Pflanzen würdest du aussuchen?

Antwort: _____

Fragen, Lachen, Lernen:

109. Warum gibt es vier Jahreszeiten?

A: Wegen der Entfernung der Erde von der Sonne
B: Wegen der Umlaufbahn der Erde um die Sonne
C: Wegen der Neigung der Erdachse
D: Wegen Veränderungen in der Erdgravitation

Meine Frage an euch Eltern:

110. Welches Instrument würdet ihr spielen, wenn ihr eine Band gründen würdet? Wie würde die Band heißen?

Antwort: _____

Interessanter Fakt: Der Himmel ist tagsüber blau, weil das blaue Sonnenlicht in der Atmosphäre stärker gestreut wird als andere Farben, was den Himmel in unserem Blickfeld blau erscheinen lässt. Die Feen können wir aber auch nicht komplett ausschließen.

Antwort Woche 21: B: Wegen der Lichtstreuung in unserer Atmosphäre

Woche 23

Alltag und Familie
Die Welt um uns herum – Kulinarische Abenteuer

111. Was wäre, wenn du einen Tag unsichtbar sein könntest. Welche lustigen Streiche würdest du spielen?

Antwort: _____

112. Stell dir vor, du könntest auf dem Jupiter Seilspringen – wie hoch glaubst du, würdest du hüpfen?

Antwort: _____

113. Mit welchen außergewöhnlichen Zutaten würdest du einen Weltraum-Burger braten?

Antwort: _____

Fragen, Lachen, Lernen:

114. Welcher dieser Planeten ist am nächsten an der Sonne?

A: Venus
B: Erde
C: Mars
D: Merkur

Meine Frage an euch Eltern:

115. Was habt ihr früher gemacht, als ihr von der Schule nach Hause gekommen seid?

Antwort: _____

Interessanter Fakt: Die Jahreszeiten entstehen durch die Neigung der Erdachse um etwa 23,5 Grad. Diese Neigung führt dazu, dass während des Jahres unterschiedliche Teile der Erde mehr oder weniger direktes Sonnenlicht erhalten, was zu den verschiedenen Jahreszeiten Frühling, Sommer, Herbst und Winter führt.

Antwort Woche 22: C: Wegen der Neigung der Erdachse

Woche 24

Alltag und Familie
Die Welt um uns herum – Kulinarische Abenteuer

116. Wenn Oma für einen Tag ein Tier wäre, welches Tier würde sie sein und welche Abenteuer würde sie erleben?

Antwort: _____

117. Wie würdest du eine Elfe in der Schule verstecken, wenn sie mit dir für einen Tag die Klassen besuchen möchte?

Antwort: _____

118. Was würdest du auf die Einkaufsliste für einen Hund setzen?

Antwort: _____

Fragen, Lachen, Lernen:

119. Wie entstehen Nordlichter?

A: Durch Lichtreflexionen im Ozean
B: Durch geladene Teilchen der Sonne, die auf die Erdatmosphäre treffen
C: Durch Aliens die mit Ihrem Laser auf die Erde feuern
D: Durch die Lichtbrechung in unseren Eisbergen

Meine Frage an euch Eltern:

120. Was ist das peinlichste, was euch je passiert ist, als ihr jünger wart?

Antwort: _____

Interessanter Fakt: Ein Jahr auf dem Merkur dauert nur 88 Erden-Tage. Also, wenn du dort leben würdest, hättest du viel öfter Geburtstag!

Antwort Woche 23: D: Merkur

Woche 25

Alltag und Familie

Die Welt um uns herum – Kulinarische Abenteuer

121. Gefällt dir der Name, denn wir für dich ausgesucht haben, oder würdest du dir lieber einen anderen Namen geben? Wenn ja, welchen?

Antwort: _____

122. Was würdest du gerne tun, um die Welt ein bisschen besser zu machen?

Antwort: _____

123. Was muss auf dein ultimatives Sandwich, wenn du es mit allem belegen könntest, was du möchtest? – Egal, wie verrückt es auch sein mag.

Antwort: _____

Fragen, Lachen, Lernen:

124. Kannst du alle Sinne eines Menschen aufzählen?

Antwort: _____
_____
_____

Meine Frage an euch Eltern:

125. Hattet ihr als Kinder ein Haustier und was war das Lustigste, das es je gemacht hat?

Antwort: _____

Interessanter Fakt: Nordlichter entstehen, wenn Teilchen des Sonnenwindes so stark sind, dass sie durch das Magnetfeld der Erde brechen und mit Gasen in der Atmosphäre kollidieren. Dennoch glauben wir, dass Aliens etwas damit zu tun haben könnten.

Antwort Woche 24: B: Durch geladene Teilchen der Sonne, die auf die Erdatmosphäre treffen

Woche 26

Alltag und Familie
Die Welt um uns herum – Kulinarische Abenteuer

126. Was ist dein Geheimrezept für einen perfekten Tag?

Antwort: _____

127. Welche Maschine würdest du erfinden, wenn du ein verrückter Wissenschaftler wärst?

Antwort: _____

128. Wenn du einen Supermarkt nur für Tiere gestalten würdest, was wäre das verrückteste Produkt, das du verkaufen würdest?

Antwort: _____

Fragen, Lachen, Lernen:

129. Welcher Planet in unserem Sonnensystem ist bekannt als der Rote Planet?

A: Venus **C:** Mars
B: Saturn **D:** Jupiter

Meine Frage an euch Eltern:

130. Gibt es Fotos von eurem lustigsten Mode-Desaster?

Antwort: _____

Interessanter Fakt: Die meisten Menschen haben mehr als fünf Sinne: Neben den klassischen fünf Sinnen haben wir auch Sinne für z.B Gleichgewicht, Temperatur und Bewegung.

Antwort Woche 25: schmecken, hören, sehen, riechen, fühlen

Woche 27

Alltag und Familie
Die Welt um uns herum – Kulinarische Abenteuer

131. Stell dir vor, unsere Familie gründet ein Königreich. Was wäre das lustigste Gesetz, das du erlassen würdest?

Antwort: _____

132. Wenn du in der Schule eine Zaubertafel hättest, die jede Frage beantworten kann, was würdest du sie fragen?

Antwort: _____

133. Welche Geschichten würde unser Essen beim Abendessen aus seiner Sicht erzählen? Welches Gemüse wäre dabei am lustigsten?

Antwort: _____

Fragen, Lachen, Lernen:

134. Was ist der tiefste Punkt der Weltmeere?

A: Der atlantische Graben **C:** Der südliche Ozean Graben
B: Der Java-Graben **D:** Der Marianengraben

Meine Frage an euch Eltern:

135. Hattet ihr früher einen Spitznamen?

Antwort: _____

Interessanter Fakt: Auf dem Mars gibt es den größten Vulkan des Sonnensystems, den Olympus Mons, der so groß ist, dass seine Grundfläche in etwa eine Fläche des US-Bundesstaates New Mexico (ca. 315.200 km²) hat. Seine Höhe beträgt unglaubliche 26.000 m – was in etwa das Dreifache unseres höchsten Berges auf der Erde entspricht.

Antwort Woche 26: C: Mars

Woche 28

Alltag und Familie
Die Welt um uns herum – Kulinarische Abenteuer

136. Stell dir vor, wir würden Punkte für jede erledigte Aufgabe bekommen. Was könnte man mit diesen Punkten kaufen und wie viele Punkte wäre eine saubere Küche wert?

Antwort: _____

137. Wie würde eine Schatzkarte aussehen, die du gezeichnet hast? Was wäre das Seltsamste, das man auf dem Weg zum Schatz finden könnte?

Antwort: _____

138. Was wäre, wenn du einen Keks findest, der dir Rätsel stellt, und du darfst ihn erst essen, wenn du das Rätsel gelöst hast?

Antwort: _____

Fragen, Lachen, Lernen:

139. Welches dieser Tiere kann nicht springen?

A: Ein Elefant
B: Ein Frosch
C: Ein Känguru
D: Ein Hase

Meine Frage an euch Eltern:

140. Welches Lied oder welche Melodie hat mich als Baby am besten beruhigt?

Antwort: _____

Interessanter Fakt: Im Marianengraben ist es so tief, dass man den Mount Everest hineinstellen könnte, und er würde komplett unter Wasser verschwinden! Marianengraben ca. 11.000 m Tief – Mount Everest ca. 8.850 m Hoch.

Antwort Woche 27: D: Der Marianengraben

Woche 29

Alltag und Familie
Die Welt um uns herum – Kulinarische Abenteuer

141. Wenn Mama und Papa berühmte Filmstars wären, in welchen Filmen würden sie mitspielen und welche Rollen würden sie dabei übernehmen?

Antwort: _____

142. Welche Abenteuer würdest du erleben, wenn du für einen Tag die Größe einer Ameise hättest und im Garten leben müsstest?

Antwort: _____

143. Welche verrückten Zutaten würdest du für einen Eintopf für Riesen verwenden?

Antwort: _____

Fragen, Lachen, Lernen:

144. Welches Tier kann am längsten ohne Wasser auskommen?

A: Ein Kamel
B: Eine Ratte
C: Eine Känguru-Ratte
D: Ein Elefant

Meine Frage an euch Eltern:

145. Gibt es eine Fähigkeit, die ihr gerne von Oma oder Opa übernehmen könntet?

Antwort: _____

 Interessanter Fakt: Elefanten sind die einzigen Säugetiere, die nicht springen können – wahrscheinlich, weil der Boden „Nein" sagt.

Antwort Woche 28: A: Ein Elefant

Woche 30

Alltag und Familie
Die Welt um uns herum – Kulinarische Abenteuer

146. Welches Möbelstück in unserem Haus führt heimlich ein Leben und welche Abenteuer erlebt es dabei?

Antwort: _____

147. Wenn Bäume miteinander reden könnten, über welche Themen würden sie blättern... ich meine plaudern?

Antwort: _____

148. Wie würdest du einen Salat anziehen, wenn er auf eine Gemüseparty geht?

Antwort: _____

Fragen, Lachen, Lernen:

149. Welches antike Weltwunder war in der Stadt Babylon?

A: Der Leuchtturm von Alexandria

B: Die Hängenden Gärten

C: Der Tempel der Artemis

D: Der Koloss von Rhodos

Meine Frage an euch Eltern:

150. Wie habt ihr euch gefühlt, als ihr zum ersten Mal erfahren habt, dass ihr Eltern werdet?

Antwort: _____

Interessanter Fakt: Känguru-Ratten können in extrem trockenen Umgebungen leben und fast ihr ganzes Leben ohne zu trinken verbringen, indem sie Feuchtigkeit aus ihrer Nahrung gewinnen.

Antwort Woche 29: C: Eine Känguru-Ratte

Woche 31

Alltag und Familie
Die Welt um uns herum – Kulinarische Abenteuer

151. Gibt es etwas, das du schon immer mal mit uns zusammen machen wolltest?

Antwort: _____

152. Stell dir vor, die Tiere im Zoo machen nachts heimlich eine Party. Welches Tier ist der DJ und welche Musik legt es auf?

Antwort: _____

153. Wie würdest du reagieren, wenn du herausfindest, dass die Erbsen in der Tiefkühlabteilung eigentlich kleine grüne Aliens sind?

Antwort: _____

Fragen, Lachen, Lernen:

154. Wofür ist die Insel Java in Indonesien bekannt?

A: Es ist die größte Insel der Welt
B: Sie bewegt sich jedes Jahr ein paar Zentimeter
C: Sie hat die meisten Vulkane
D: Sie ist berühmt für ihren Kaffee

Meine Frage an euch Eltern:

155. Könnt ihr euch an einen besonders langen Tag oder eine besonders lange Nacht mit mir als Baby erinnern und was ist passiert?

Antwort: _____

Interessanter Fakt: Die Hängenden Gärten von Babylon waren berühmt für ihre beeindruckende terrassenförmige Architektur, auch wenn ihre genaue Existenz und Aussehen heute noch ein Rätsel sind.

Antwort Woche 30: B: Die Hängenden Gärten

Woche 32

Alltag und Familie
Die Welt um uns herum – Kulinarische Abenteuer

156. Stell dir vor, dein Lieblingsspielzeug würde für einen Tag zum Leben erwachen. Was müsste es als Erstes lernen, um in der Menschenwelt zurechtzukommen?

Antwort: _____

157. Stell dir vor, Blumen könnten zur Schule gehen – was wäre ihr Lieblingsfach und warum?

Antwort: _____

158. Wie würde dein perfektes Superheldenfrühstück aussehen, um mit möglichst viel Energie in den Tag zu starten?

Antwort: _____

Fragen, Lachen, Lernen:

159. Welches Tier wird oft als das „Schiff der Wüste" bezeichnet?

A: Ein Kamel   **C:** Ein Lama
B: Ein Pferd   **D:** Ein Elefant

Meine Frage an euch Eltern:

160. Welche Superkraft würdet ihr euch aussuchen und wie würde euer Superheldenname sein?

Antwort: _____

 Interessanter Fakt: Die Insel Java ist so berühmt für ihren Kaffee, dass „Java" im Amerikanischen umgangssprachlich für Kaffee steht.

Antwort Woche 31: D: Sie ist berühmt für ihren Kaffee

Woche 33

Alltag und Familie
Die Welt um uns herum – Kulinarische Abenteuer

161. Welches deiner Spielzeugautos würde ein Rennen gewinnen? Wie würde es seinen Sieg feiern?

Antwort: _____

162. Wo würdest du am liebsten wohnen wollen, wenn die Welt die Form eines Donuts hätte und warum?

Antwort: _____

163. Welches Gericht würdest du dir schon zutrauen, alleine zu kochen?

Antwort: _____

Fragen, Lachen, Lernen:

164. Wie heißt der Vorgang, bei dem Raupen zu Schmetterlingen werden?

A: Fotosynthese
B: Metamorphose
C: Verwandlung
D: Kristallisation

Meine Frage an euch Eltern:

165. Habt ihr als Kinder jemals ein geheimes Versteck gehabt und was habt ihr dort versteckt?

Antwort: _____

Interessanter Fakt: Kamele werden als „Schiffe der Wüste" bezeichnet, weil sie Menschen und Lasten über lange Strecken in der trockenen Wüstenlandschaft tragen können, ähnlich wie Schiffe auf dem Meer. Sie haben sogar spezielle Augenlider und Wimpern, um den Sand abzuwehren – wie eingebaute Sandsturm-Schutzbrillen!

Antwort Woche 32: A: Ein Kamel

Woche 34

Alltag und Familie
Die Welt um uns herum – Kulinarische Abenteuer

166. Welchen Gegenstand in unserem Haus würdest du gerne verzaubern, um mit ihm sprechen zu können? Was würde er sagen?

Antwort: _____

167. Stell dir vor, du findest einen Kobold am Ende des Regenbogens. Würdest du dir lieber einen Wunsch erfüllen lassen oder den Topf voller Gold mitnehmen?

Antwort: _____

168. Bei welcher alltäglichen Aufgabe in der Küche könntest du Mama und Papa unterstützen?

Antwort: _____

Fragen, Lachen, Lernen:

169. Welches Säugetier hat die längste Lebensdauer?

A: Elefanten
B: Der Nacktmull
C: Der Grönlandwal
D: Der Grönlandhai

Meine Frage an euch Eltern:

170. Gibt es einen Menschen, den ihr gerne mal treffen würdet? Was würdet ihr ihn fragen?

Antwort: _____

 Interessanter Fakt: Während der Metamorphose verwandelt sich die Raupe in einen Schmetterling, ein beeindruckender Prozess, bei dem sich ihr Körper vollständig umstrukturiert.

Antwort Woche 33: B: Metamorphose

Woche 35

Alltag und Familie

Die Welt um uns herum – Kulinarische Abenteuer

171. Was möchtest du bis zu deinem nächsten Geburtstag lernen oder erreichen?

Antwort: _____

172. Denke dir das perfekte Geschenk für deinen besten Freund oder Freundin aus?

Antwort: _____

173. Wie sollte das perfekte Picknick für unsere Familie aussehen?

Antwort: _____

Fragen, Lachen, Lernen:

174. Welches ist der größte Kontinent auf der Erde?

A: Europa   **C:** Asien
B: Afrika   **D:** Australien

Meine Frage an euch Eltern:

175. Was ist die schönste Erinnerung, die ihr von mir als Baby habt?

Antwort: _____

Interessanter Fakt: Tatsächlich haben alle aufgezählten Tiere eine sehr hohe Lebenserwartung. Der Grönlandwal mit ca. 200 Jahren ist aber Spitzenreiter unter den Säugetieren. Sie leben in kalten Gewässern und haben dadurch eine niedrigere Körpertemperatur und Stoffwechsel als andere Säugetiere. Das sind oft gute Voraussetzungen für ein langes Leben. Der Grönlandhai schafft sogar ein stolzes Alter von 400 - 500 Jahren – ist aber kein Säugetier.

Antwort Woche 34: C: Der Grönlandwal

Woche 36

Alltag und Familie
Die Welt um uns herum – Kulinarische Abenteuer

176. Könntest du einen neuen Feiertag für unsere Familie erfinden, wie würde er heißen und was würden wir an diesem Tag machen?

Antwort: _____

177. Glaubst du, Aliens haben auch Haustiere, und wie sehen die wohl aus?

Antwort: _____

178. Könntest du dir einen Salat vorstellen, der so bunt ist wie ein Regenbogen? Was wäre alles drin?

Antwort: _____

Fragen, Lachen, Lernen:

179. Wie viele Gliedmaßen hat ein Skorpion?

A: 6 **C:** 11
B: 8 **D:** 12

Meine Frage an euch Eltern:

180. Was war die größte Herausforderung beim Schlafengehen, als ich noch ein Baby war?

Antwort: _____

Interessanter Fakt: Asien ist so groß, dass es etwa die Hälfte der Weltbevölkerung beheimatet – das ist eine riesige Nachbarschaft!

Antwort Woche 35: C: Asien

Woche 37

Alltag und Familie
Die Welt um uns herum – Kulinarische Abenteuer

181. Was würde passieren, wenn wir anstatt mit einem Auto mit einem fliegenden Teppich zur Schule und zur Arbeit fliegen würden?

Antwort: _____

182. Was glaubst du, träumt ein Dinosaurier-Baby?

Antwort: _____

183. Wo würdest du am liebsten wohnen, wenn die Welt nur aus Süßigkeiten besteht?

Antwort: _____

Fragen, Lachen, Lernen:

184. Welches Tier hat die längste Schwangerschaft?

A: Ein Elefant
B: Ein Wal
C: Ein Nashorn
D: Eine Giraffe

Meine Frage an euch Eltern:

185. Welches Tier wärt Ihr gerne und warum?

Antwort: _____

Interessanter Fakt: Skorpione haben wie Spinnen insgesamt 8 Beine und zählen somit zur Gattung der Gliederfüßer. Zusätzlich verfügen Sie aber über 2 Krebs ähnliche Fangarme und einen langen giftigen Schwanz, womit sie auf insgesamt 11 Gliedmaßen kommen. Skorpione können bis zu einem Jahr ohne Nahrung überleben, dank ihrer Fähigkeit, ihren Stoffwechsel extrem zu verlangsamen.

Antwort Woche 36: C: 11

Woche 38

Alltag und Familie
Die Welt um uns herum – Kulinarische Abenteuer

186. Worin bist du besonders stark?

Antwort: _____

187. Welches Tier würdest du als Erstes um Rat fragen, wenn du einen Tag mit Tieren sprechen könntest. Was würdest du genau fragen?

Antwort: _____

188. Welches Gemüse würde einen Geschmackstest gegen eine Frucht gewinnen, und warum?

Antwort: _____

Fragen, Lachen, Lernen:

189. Was ist die größte Zelle im menschlichen Körper?

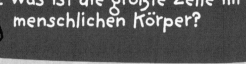

A: Eizelle
B: Hautzelle
C: Blutzelle
D: Nervenzelle

Meine Frage an euch Eltern:

190. Was war das verrückteste Gericht, das ihr jemals gekocht habt? Wie hat es geschmeckt?

Antwort: _____

 Interessanter Fakt: Elefantenmütter tragen ihre Babys fast 22 Monate lang aus – das ist fast so lange, wie manche Menschen auf einen Brief vom Amt warten.

Antwort Woche 37: A: Ein Elefant

Woche 39

Alltag und Familie
Die Welt um uns herum – Kulinarische Abenteuer

191. Was kannst du besser als Mama?

Antwort: _____

192. Wenn du ein neues Schulfach einführen könntest, das total verrückt ist, welches Fach wäre das und was würdest du lernen wollen?

Antwort: _____

193. Wer ist die größte Naschkatze bei uns zu Hause?

Antwort: _____

Fragen, Lachen, Lernen:

194. Warum verlieren Bäume im Herbst ihre Blätter?

A: Weil sie wachsen
B: Um mehr Wasser aufnehmen zu können
C: Um Energie zu sparen
D: Weil sie müde sind

Meine Frage an euch Eltern:

195. Gibt es einen besonderen Tag aus eurer Kindheit, den ihr nie vergessen habt?

Antwort: _____

Interessanter Fakt: Die Eizelle ist so groß, dass man sie fast ohne Mikroskop sehen kann. Außerdem werden Frauen nur mit einer begrenzten Anzahl von Eizellen geboren, die im Laufe des Lebens immer weiter abnimmt.

Antwort Woche 38: A: Eizelle

Woche 40

Alltag und Familie
Die Welt um uns herum – Kulinarische Abenteuer

196. Wie würde Papa in deinem Outfit aussehen, wenn Ihr für einen Tag die Kleider tauschen würdet?

Antwort: _____

197. Was packt ein Känguru in seinen Beutel, wenn es einkaufen geht?

Antwort: _____

198. Was glaubst du, essen Monster am liebsten zum Abendessen, und würdest du es auch probieren?

Antwort: _____

Fragen, Lachen, Lernen:

199. Was war der größte Dinosaurier, der je gelebt hat?

A: Brachiosaurus
B: Tyrannosaurus Rex
C: Argentinosaurus
D: Patagotitan mayorum

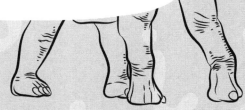

Meine Frage an euch Eltern:

200. Was war das Schlimmste, das ihr als Kind angestellt habt und Oma und Opa nie herausgefunden haben?

Antwort: _____

 Interessanter Fakt: Bäume können miteinander „kommunizieren" und Nährstoffe austauschen, indem sie ein Netzwerk aus Pilzgeflechten, das sogenannte „Wood Wide Web", in ihren Wurzelsystemen nutzen. Bäume werfen ihre Blätter im Herbst ab, um während der kalten und wasserarmen Wintermonate Energie zu sparen und sich vor dem Austrocknen zu schützen.

Antwort Woche 39: C: Um Energie zu sparen

Woche 41

Alltag und Familie
Die Welt um uns herum – Kulinarische Abenteuer

201. Stell dir vor, wir hätten einen Familienroboter. Was wäre seine allererste Aufgabe bei uns zu Hause?

Antwort: _____

202. Glaubst du, die Sonne muss sich nach einem langen Tag auch mit einem Schlafanzug ins Bett kuscheln?

Antwort: _____

203. Gibt es ein traditionelles Festessen aus einem anderen Land, welches du gerne einmal probieren möchtest? Wollen wir zusammen nach einem suchen?

Antwort: _____

Fragen, Lachen, Lernen:

204. Welche Farbe ergibt die Mischung aus Gelb und Blau?

A: Grün **C:** Orange
B: Rot   **D:** Lila

Meine Frage an euch Eltern:

205. Was wolltet ihr als Kind einmal werden? Wie ähnlich ist dieser Wunsch zu eurem jetzigen Beruf?

Antwort: _____

Interessanter Fakt: Zugegeben, die Frage war nicht ganz einfach und man streitet immer noch darüber, ob Argentinosaurus oder Patagotitan nun der größte ist. Aktuelle Studien zeigen aber, dass der Patagotitan mit einer Größe von 37 Metern und 70 Tonnen Gewicht, rund 10 % größer als der Argentinosauru ist. Sein Name „Patagotitan" bezieht sich auf die Region Patagonien in Argentinien, wo seine Überreste gefunden wurden, und „mayorum" ehrt die Familie Mayo, auf deren Land die Entdeckung gemacht wurde.

Antwort Woche 40: D: Patagotitan mayorum

Woche 42

Alltag und Familie
Die Welt um uns herum – Kulinarische Abenteuer

206. Welche drei Dinge würdest du mitnehmen, wenn du auf eine einsame Insel ziehen müsstest? Du darfst aber nur Dinge aus deinem Kinderzimmer mitnehmen!

Antwort: _____

207. Wie würdest du eine Schnecke anfeuern, mit der du um die Wette kriechen würdest?

Antwort: _____

208. Wenn Gemüse ein Versteckspiel in der Küche spielen würde, wo würden sich die Erbsen verstecken?

Antwort: _____

Fragen, Lachen, Lernen:

209. Wo befindet sich das größte Korallenriff der Welt?

A: im Atlantischen Ozean
B: Am Great Barrier Reef Australien
C: In der Karibik
D: im Mittelmeer

Meine Frage an euch Eltern:

210. Was war der beste Tipp, denn Ihr als junge Eltern bekommen habt?

Antwort: _____

Interessanter Fakt: Grün ist die Farbe der Natur und wird oft mit Frühling und Erneuerung in Verbindung gebracht – vielleicht, weil es die Farbe ist, die entsteht, wenn die Sonne (gelb) das Wasser (blau) küsst.

Antwort Woche 41: A: Grün

Woche 43

Alltag und Familie
Die Welt um uns herum – Kulinarische Abenteuer

211. Wenn du ein neues Familienmitglied erfinden könntest, wie würde es aussehen und welche besondere Fähigkeit hätte es?

Antwort: _____

212. Von welchem Ort aus einem Märchen, würdest du dir wünschen, dass es ihn tatsächlich gibt?

Antwort: _____

213. Wenn du einen Zauberstab hättest, der die Farbe von jedem Essen ändern kann, welches Essen würdest du zuerst verzaubern und in welche Farbe?

Antwort: _____

Fragen, Lachen, Lernen:

214. Was zeigt dir die Himmelsrichtungen an?

A: Ein Thermometer   C: Ein Kompass
B: Ein Barometer   D: Ein Mikroskop

Meine Frage an euch Eltern:

215. Gibt es eine lustige Geschichte über eure erste Erfahrung mit neuen Technologien, wie einem Handy oder Computer?

Antwort: _____

 Interessanter Fakt: Das Great Barrier Reef ist so riesig, dass es sogar aus dem Weltall sichtbar ist!

Antwort Woche 42: B: Am Great Barrier Reef

Woche 44

Alltag und Familie
Die Welt um uns herum – Kulinarische Abenteuer

216. Wenn Opa ein berühmter Erfinder wäre, welche verrückte Erfindung hätte er gemacht, die in unserem Alltag super nützlich wäre?

Antwort: _____

217. Kannst du dir ein Experiment ausdenken, bei dem wir testen, ob Würmer kitzlig sind?

Antwort: _____

218. Was würdest du in einen Kuchen mischen, wenn du einen für einen Dinosaurier backen würdest?

Antwort: _____

Fragen, Lachen, Lernen:

219. Wie viele Kontinente gibt es auf der Erde?

A: 5
B: 6
C: 7
D: 8

Meine Frage an euch Eltern:

220. Was würdet ihr euch wünschen, wenn ihr drei Wünsche frei hättet, die nicht Geld oder materielle Dinge betreffen?

Antwort: _____

Interessanter Fakt: Ein Kompass verwendet das Magnetfeld der Erde, um die Richtung zu weisen, was seit Jahrhunderten von Seefahrern und Entdeckern genutzt wird.

Antwort Woche 43: C: Ein Kompass

Woche 45

Alltag und Familie
Die Welt um uns herum – Kulinarische Abenteuer

221. Welches deiner Spielzeuge würde Oma am meisten Spaß machen und warum?

Antwort: _____

222. Was würdest du tun, wenn dein Lieblingsbuchcharakter plötzlich dein neuer Mitschüler wäre?

Antwort: _____

223. Was machen Obst und Gemüse, wenn sie nachts alleine im Supermarkt sind?

Antwort: _____

Fragen, Lachen, Lernen:

224. Woraus besteht ein Regenbogen?

A: Farbstoff und Wasser
B: Licht und Wasser Tröpfchen
C: Kobold Magie
D: kleine Glaspartikel in der Luft die das Licht reflektieren

Meine Frage an euch Eltern:

225. Welches war das coolste Geschenk, das ihr jemals bekommen habt?

Antwort: _____

Interessanter Fakt: Nordamerika, Südamerika, Europa, Afrika, Asien, Australien & Antarktika (auch Antarktis genannt). Antarktika ist ein Kontinent, der fast komplett aus Eis besteht, und es gibt sogar einen Geldautomaten!

Antwort Woche 44: C: 7

Woche 46

Alltag und Familie
Die Welt um uns herum – Kulinarische Abenteuer

226. Wenn du einen Tag lang die Rolle mit Papa tauschen könntest, was würdest du als Erstes tun?

Antwort: _____

227. Denkst du, Fische in einem Aquarium beobachten uns auch ständig, genauso wie wir die Fische anschauen?

Antwort: _____

228. Wenn du ein Eis erfinden könntest, das niemals schmilzt, welche Geschmacksrichtungen hätte es?

Antwort: _____

Fragen, Lachen, Lernen:

229. Wie heißt „Danke" in einer anderen Sprache?

Antwort: _____

Meine Frage an euch Eltern:

230. Wolltet ihr schon immer mal etwas lernen oder ausprobieren, hattet aber nie die Chance dazu?

Antwort: _____

Interessanter Fakt: Ein Regenbogen entsteht, wenn Sonnenlicht auf Regentropfen trifft und gebrochen wird, wodurch das Licht in seine verschiedenen Farben aufgespalten wird und den charakteristischen Bogen bildet. Ob der Kobold das wohl weiß?

Antwort Woche 45: B: Licht und Wasser Tröpfchen

Woche 47

Alltag und Familie
Die Welt um uns herum – Kulinarische Abenteuer

231. Was ist das verrückteste, was du jemals träumen wolltest?

Antwort: _____

232. Welche verrückten Wissenschaftsexperimente würdest du gerne in der Schule machen?

Antwort: _____

233. Aus welchen Zutaten würde deine gesunde Zaubersuppe bestehen? Was würde passieren, nachdem jemand sie gegessen hat?

Antwort: _____

Fragen, Lachen, Lernen:

234. Wie nennt man den historischen Fundort von Mammutknochen?

A: Mammutfriedhof **C:** Mammutfelsen
B: Mammutsee **D:** Mammutfundort

Meine Frage an euch Eltern:

235. Was war die lustigste Verkleidung, die ihr je an Karneval oder Halloween hattet?

Antwort: _____

 Interessanter Fakt: „Danke" ist eines der ersten Wörter, die in verschiedenen Sprachen gelernt werden – weil gutes Benehmen international ist!

Antwort Woche 46: z.b. Thank you (Englisch), Merci (Französisch), Gracias (Spanisch), Arigatō (Japanisch) u.v.m.

Woche 48

Alltag und Familie
Die Welt um uns herum – Kulinarische Abenteuer

236. Glaubst du, deine Kuscheltiere machen heimliche Partys, wenn wir das Licht ausschalten? Welche verrückten Spiele, spielen sie dabei?

Antwort: _____

237. Wenn du ein Regenbogen wärst, welche Farbe würdest du am aller hellsten leuchten lassen?

Antwort: _____

238. Stell dir vor, du wärst für einen Tag der Chefkoch in einem Restaurant für Märchenfiguren, was würdest du ihnen servieren?

Antwort: _____

Fragen, Lachen, Lernen:

239. Wie nennt man den Urkontinent, bevor dieser sich in die bekannten Kontinente aufgespalten hat?

A: Pangäa
B: Avalonia
C: Laurasia
D: Rodinia

Meine Frage an euch Eltern:

240. Habt ihr als Kind ein Tagebuch geführt, und würdet ihr mir daraus vorlesen?

Antwort: _____

Interessanter Fakt: Mammutfelsen sind Orte, an denen Überreste von Mammuts gefunden wurden, die vor Tausenden von Jahren ausgestorben sind. Mammuts, die eng mit heutigen Elefanten verwandt sind, lebten während der Eiszeit und sind vor etwa 4.000 Jahren ausgestorben, wobei einige isolierte Populationen sogar bis in die historische Zeit überlebten.

Antwort Woche 47: C: Mammutfelsen

Woche 49

Alltag und Familie
Die Welt um uns herum – Kulinarische Abenteuer

241. Wenn du für einen Tag der Boss im Haus wärst, welche Regel würdest du einführen, damit jeder seinen Teil beiträgt? Welche verrückte Strafe gäbe es für Regelbrecher?

Antwort: _____

242. Wärst du gerne für einen Tag eine berühmte Person? Was würdest du an diesem Tag alles anstellen?

Antwort: _____

243. Was wäre, wenn dein Pausenbrot Witze erzählen könnte? Welchen Witz würde es dir erzählen?

Antwort: _____

Fragen, Lachen, Lernen:

244. Was ist der Hauptbestandteil der Luft, die wir atmen?

A: Stickstoff
B: Sauerstoff
C: Kohlendioxid
D: Helium

Meine Frage an euch Eltern:

245. Habt ihr ein geheimes Talent oder Fähigkeit, von der ich nichts weiß?

Antwort: _____

Interessanter Fakt: Pangäa existierte vor etwa 300 Millionen Jahren und umfasste alle heutigen Kontinente, die damals zu einem riesigen Superkontinent zusammengeschlossen waren. Als Pangäa auseinanderbrach, bildeten sich langsam die Kontinente, wie wir sie heute kennen. Dieser Prozess beeinflusste maßgeblich die Entwicklung der Tier- und Pflanzenwelt sowie die Verteilung von Meeren und Landmassen auf der Erde.

Antwort Woche 48: A: Pangäa

Woche 50

Alltag und Familie
Die Welt um uns herum – Kulinarische Abenteuer

246. Stell dir vor, unser Toilettenpapier könnte Geschichten erzählen. Welche abenteuerliche Geschichte würdest du gerne hören, während du – äh – „beschäftigt" bist?

Antwort: _____

247. Welche Farbe hätte ein Zebra ohne Streifen, und würde es sich ohne seine Streifen überhaupt noch wie ein Zebra fühlen?

Antwort: _____

248. Kannst du einschätzen, wie viel Geld unser Wocheneinkauf kostet?

Antwort: _____

Fragen, Lachen, Lernen:

249. Wie heißt das Haus, in dem Bienen leben?

A: Bienenhaus
B: Bienenstock
C: Bienenvilla
D: Bienenschloss

Meine Frage an euch Eltern:

250. Was habt ihr getan, um euch als junge Eltern eine kleine Auszeit zu gönnen?

Antwort: _____

 Interessanter Fakt: Obwohl Sauerstoff wichtig für uns ist, besteht die Luft, die wir atmen, tatsächlich zu etwa 78 % aus Stickstoff.

Antwort Woche 49: A: Stickstoff

Woche 51

Alltag und Familie
Die Welt um uns herum – Kulinarische Abenteuer

251. Was denkst du, wäre das Lieblingsvideospiel von Opa und warum?

Antwort: _____

252. Was würdest du anders machen, wenn du für einen Tag der Weihnachtsmann wärst?

Antwort: _____

253. Was würdest du kochen, wenn wir den Weihnachtsmann zum Abendessen einladen würden?

Antwort: _____

Fragen, Lachen, Lernen:

254. Was brauchen Pflanzen, um zu wachsen?

A: Licht
B: Schokolade
C: Bonbons
D: Pizza

Meine Frage an euch Eltern:

255. Welches Kinderbuch oder Kinderfilm habt ihr damals geliebt, welches ihr gerne mit mir zusammen lesen oder den ihr mit mir anschauen würdet?

Antwort: _____

Interessanter Fakt: Bienenstöcke sind die Hochhäuser der Bienenwelt, komplett mit eigener Klimaanlage und vielen „Wohnungen" für die Honigproduktion. Bienen regulieren aktiv die Temperatur im Bienenstock, um die Brut und den Honig zu schützen. Sie können sogar „schwitzen" oder Wasser verdampfen lassen, um den Bienenstock an heißen Tagen zu kühlen!

Antwort Woche 50: B: Bienenstock

Woche 52

Alltag und Familie
Die Welt um uns herum – Kulinarische Abenteuer

256. Was liebst du am meisten daran, Teil unserer Familie zu sein?

Antwort: _____

257. Wie würdest du ein Feuerwerk für Silvester gestalten? Welche Formen und Farben würdest du wählen?

Antwort: _____

258. Glaubst du, ein Milchshake mit Milchstraßen-Milch aus unserer Galaxie würde schmecken? In welcher Glitzerfarbe würde er erstrahlen?

Antwort: _____

Fragen, Lachen, Lernen:

259. Woraus besteht der Großteil eines menschlichen Körpers?

A: Knochen
B: Muskeln
C: Haut
D: Wasser

Meine Frage an euch Eltern:

260. Gibt es eine Familientradition, die ihr als Kind hattet und die ihr gerne wiederbeleben würdet?

Antwort: _____

Interessanter Fakt: Pflanzen brauchen Licht für die Fotosynthese, genau wie Menschen Vitamine brauchen – nur, dass Pflanzen ihr „Sonnenbad" wirklich ernst nehmen. Sie können mit diesem Verfahren Sonnenlicht in Energie umwandeln. Das Erstaunlichste daran ist, dass sie dabei auch Kohlendioxid aus der Atmosphäre aufnehmen und Sauerstoff freisetzen. Dieser Prozess ist entscheidend für das Leben auf der Erde, da er den Großteil des Sauerstoffs produziert, den wir atmen.

Antwort Woche 51: A: Licht

Interessanter Fakt: Der menschliche Körper kann etwa 40 Tage ohne Essen überleben, aber nur etwa 3-7 Tage ohne Wasser: Wasser ist also wirklich lebenswichtig!

Antwort Woche 52: D: Wasser

Liebe Familien

Teilt Eure Erlebnisse mit uns - Wir freuen uns auf Eure Geschichte!

Wir hoffen, dass unser Buch für Euch nicht nur eine Lektüre, sondern eine Reise voller Freude, Lachen und gemeinsamer Momente war. Unser größtes Anliegen ist es, Familien dabei zu helfen, noch enger zusammenzuwachsen und unvergessliche Erinnerungen zu schaffen.

Wenn Ihr Euch gemeinsam durch die Seiten unseres Buches gelesen, gespielt und gelernt haben, habt Ihr vielleicht mehr als nur Geschichten entdeckt – vielleicht habt Ihr neue Seiten aneinander kennengelernt. Solche Momente sind kostbar, und wir würden uns sehr freuen, wenn Ihr diese Erfahrungen mit uns teilen würden.

Eure Gedanken, Eure Gefühle und Eure gemeinsamen Erlebnisse sind es, die unsere Arbeit so wertvoll macht. Eure Rezension kann anderen Familien dabei helfen, ebenfalls dieselbe Freude und Verbundenheit zu erleben.

Bitte nehmt Euch einen Moment Zeit, um Eure Erfahrungen auf der Plattform, auf der Ihr dieses Buch erworben haben, in einer Rezension zu teilen.

Wir danken Euch von Herzen für Euer Vertrauen in uns und unser Buch.

Impressum

Deutschsprachige Erstausgabe 2024
Copyright © 2024 Katharina Fink

Alle Rechte vorbehalten
Nachdruck, auch auszugsweise, nicht gestattet

Das Werk, einschließlich seiner Teile, ist urheberrechtlich geschützt. Jede Verwertung ist ohne Zustimmung des Verlages und des Autors unzulässig. Dies gilt insbesondere für die elektronische oder sonstige Vervielfältigung, Übersetzung, Verbreitung und öffentliche Zugänglichmachung.

Covergestaltung (& Satzarbeit):
Wolkenart - Marie-Katharina Becker, www.wolkenart.com

Autorin wird vertreten durch:

Vitali Salzseiler
Falkenstraße 22
35576 Wetzlar

ISBN 9783000778476